Loi n° 49 956 du 16 juillet 1949 sur les publications destinées à la jeunesse
helium-editions.fr/

N° d'édition : JE 095
ISBN : 978-2-35851-095-0
Dépôt légal : premier semestre 2012

Conception de la couverture : Gérard Lo Monaco
Les Associés réunis, Paris
lesassociesreunis.com
Conception graphique : Katie Fechtmann

Imprimé par Grafiche AZ en Italie

TOUTES LES MAISONS SONT DANS LA NATURE

Didier Cornille

hélium

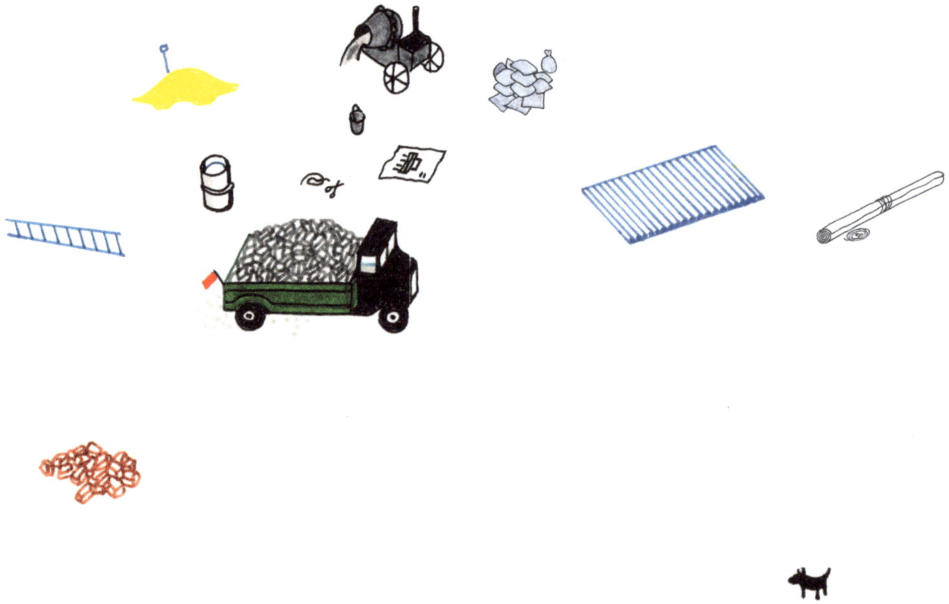

INTRODUCTION

L'architecture, ça paraît compliqué, mais tu vas voir, c'est tout à fait passionnant. Ce livre va t'expliquer le plus simplement possible les maisons des grands architectes modernes.

Il t'invite à visiter leurs maisons et à découvrir comment on les a construites. Tu verras qu'elles ont chacune inventé une nouvelle façon de faire de l'architecture.

L'architecture moderne n'aura plus de secret pour toi, et peut-être rêveras-tu toi aussi de concevoir des maisons.

SOMMAIRE

1924
LA MAISON SCHRÖDER : UNE MAISON OÙ TOUT EST MOBILE
GERRIT RIETVELD

1931
LA VILLA SAVOYE : UNE VRAIE MAISON MODERNE
LE CORBUSIER

1939
LA MAISON SUR LA CASCADE : UNE MAISON DANS LA NATURE
FRANK LLOYD WRIGHT

1949
LA MAISON DES EAMES : MULTICOLORE ET PLEINE D'INVENTIONS
CHARLES & RAY EAMES

1951
LA MAISON FARNSWORTH : UNE MAISON MINIMALE
MIES VAN DER ROHE

1956

LA MAISON DES JOURS MEILLEURS : UNE MAISON POUR CHACUN

JEAN PROUVÉ

1978

LA MAISON DE SANTA MONICA : UNE GRANDE MAISON À PARTIR D'UNE TOUTE PETITE

FRANK GEHRY

1995

LA MAISON EN CARTON : UN MATÉRIAU ORDINAIRE DEVIENT EXTRAORDINAIRE

SHIGERU BAN

1998

LA MAISON DE BORDEAUX : UN ASCENSEUR COMME PIÈCE PRINCIPALE

REM KOOLHAAS

2002

LA MAISON ÉCOLOGIQUE : UNE MAISON EN PAILLE

SARAH WIGGLESWORTH & JEREMY TILL

1924 LA MAISON SCHRÖDER

GERRIT RIETVELD

UNE MAISON OÙ TOUT EST MOBILE

C'est la plus ancienne des maisons modernes présentées ici. Elle a été construite par l'architecte Gerrit Rietveld à Utrecht, aux Pays-Bas, en 1924.

Né en 1888, Gerrit Rietveld
étudie l'architecture avant
de devenir ébéniste. Il fabrique
alors une curieuse chaise
en simples planches de bois peint.
C'est la chaise Rouge et Bleue (1918).

Il s'inspire des artistes du mouvement De Stijl.
Leurs tableaux sont abstraits, seulement composés
de lignes verticales et horizontales et colorés
de bleu, de rouge et de jaune, les couleurs primaires.
Leur maître est Piet Mondrian, un peintre des Pays-Bas.

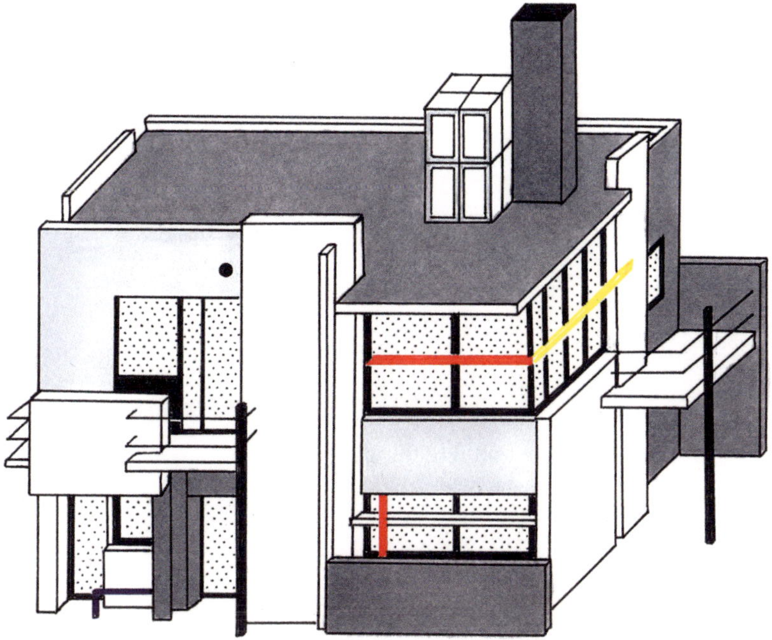

Madame Schröder, devenue veuve, voulait démarrer une nouvelle vie avec ses enfants, un garçon et deux filles. Passionnée d'architecture d'avant-garde, elle souhaitait une maison lumineuse et sans murs. Si on regarde bien cette petite construction de 10 mètres de large, on se rend compte que les murs sont décalés les uns par rapport aux autres et semblent indépendants, comme s'ils flottaient dans l'air.

Madame Schröder collabore avec son architecte pour adapter la maison à la vie de famille.
On habite surtout à l'étage, pour bénéficier de la vue. Le jour, c'est une grande pièce baignée de lumière.

Et le soir venu on fait coulisser de nombreux panneaux qui forment des chambres séparées.

1931 LA VILLA SAVOYE

LE CORBUSIER

UNE VRAIE MAISON MODERNE

Né en Suisse, Charles-Édouard Jeanneret (1887-1965) prend le nom de Le Corbusier en 1920 et devient à la fois peintre et architecte urbaniste. Il travaille un temps à Paris comme dessinateur chez les frères Perret, les pionniers du béton armé.

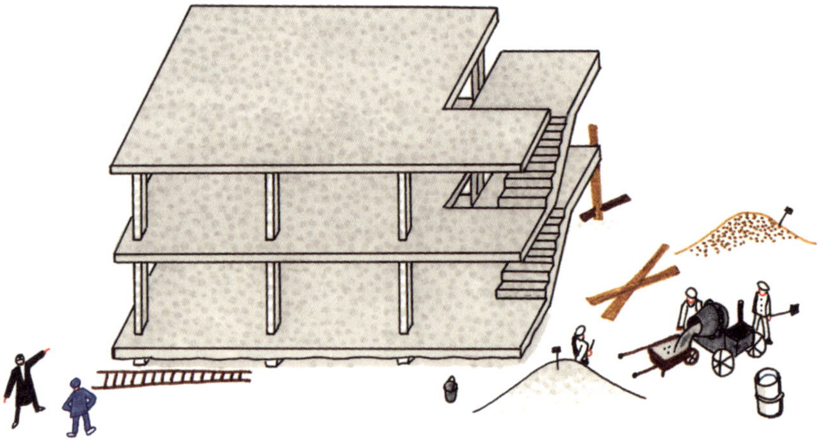

Pendant la guerre de 1914-1918,
Le Corbusier invente un procédé
de construction en béton armé
qu'il appelle Dom-ino.

De simples poteaux de béton portent une dalle,
c'est la base de son travail technique.
Comme dans le jeu du même nom, les Dom-inos se combinent.

Le Corbusier construit la villa Savoye à Poissy, près de Paris, de 1928 à 1931.
C'est une maison à étages, carrée, de 20 mètres de côté.

Cette villa présente les **5** principes d'une architecture vraiment nouvelle :

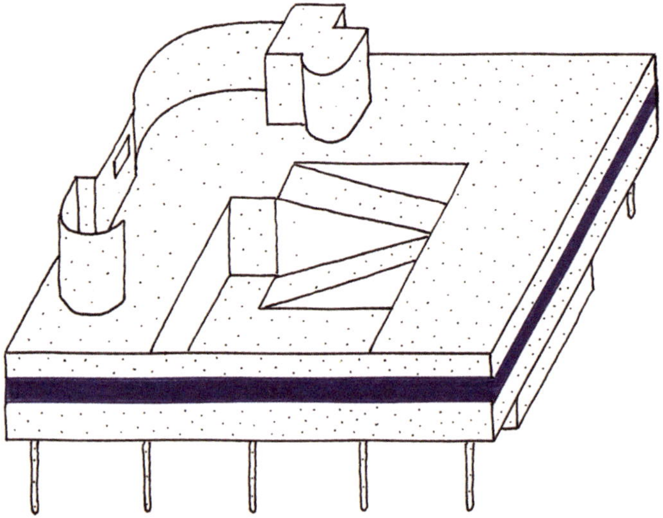

1 – Les pilotis : ils portent la maison et, comme le dit Le Corbusier : « La maison est une boîte en l'air. »

2 – Le plan libre : il n'y a pas de murs porteurs mais des parois, ici arrondies pour guider les voitures vers le garage.

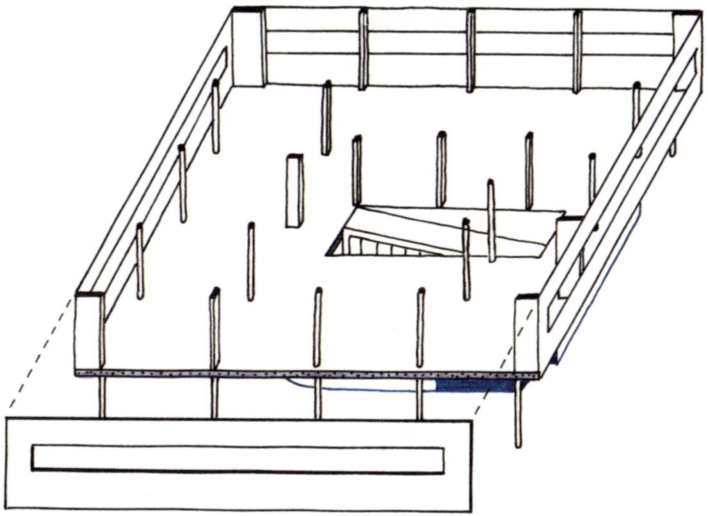

3 – La façade libre : les murs sont de simples membranes légères.

4 – De grandes fenêtres à l'horizontale : elles ouvrent tout autour sur le très beau paysage.

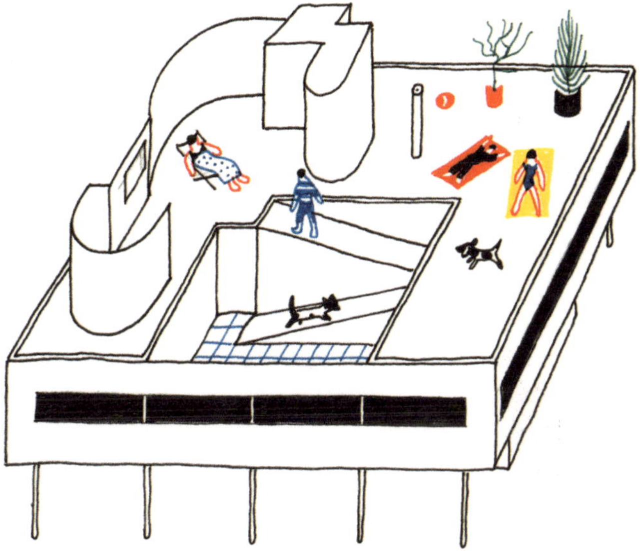

5 – Un toit-jardin : c'est une terrasse où l'on s'amuse sous le soleil.
On se croirait sur le pont d'un paquebot.

Le Corbusier a aussi construit...

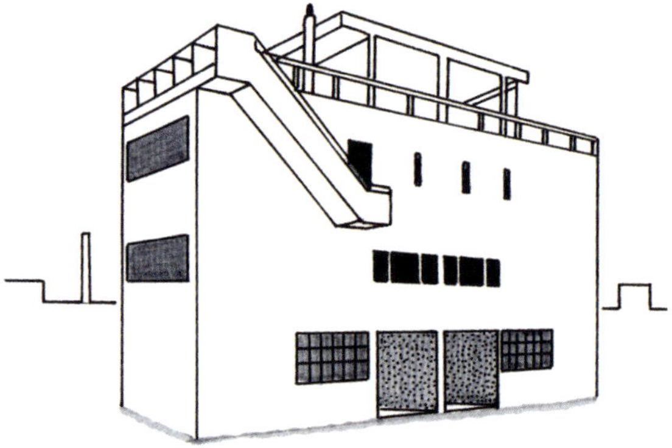

1925 Les lotissements des Quartiers modernes Frugès, Pessac

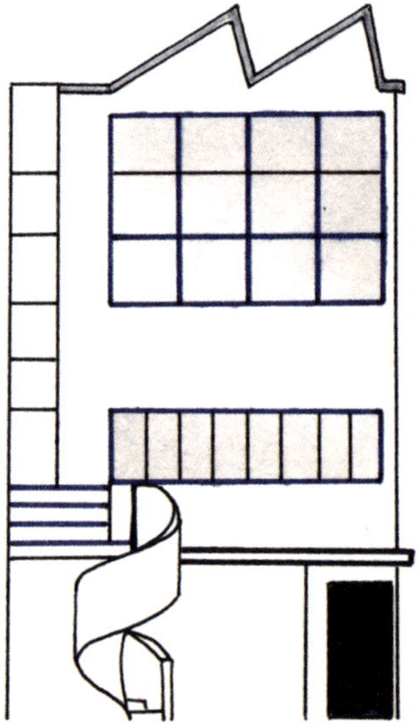

1922 La maison du peintre Amédée Ozenfant, Paris (Le Corbusier & Jeanneret)

1925 Le pavillon de l'Esprit nouveau, Paris

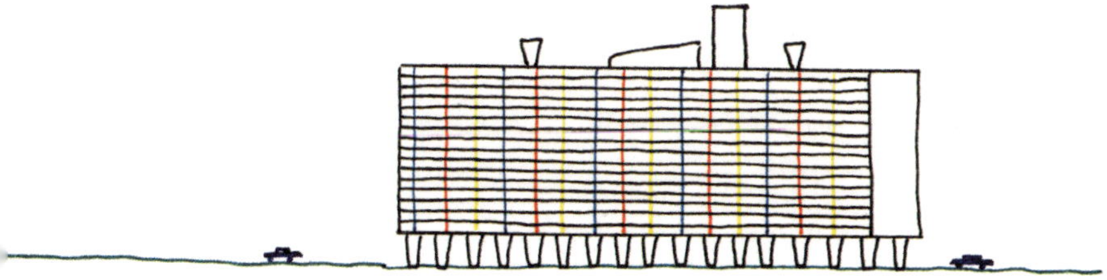

1952 La Cité radieuse, Marseille

1955 La chapelle Notre-Dame-du-Haut, Ronchamp

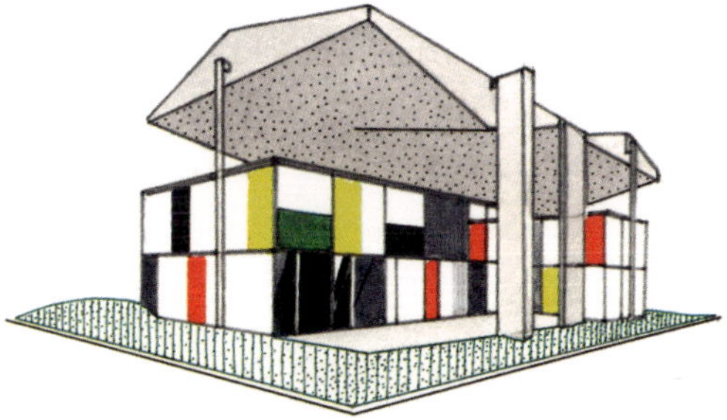

1963-1967 La Maison de l'homme, Zurich

... et aussi son cabanon à Roquebrune-Cap-Martin, où il aimait se détendre.

1939 LA MAISON SUR LA CASCADE

FRANK LLOYD WRIGHT

UNE MAISON DANS LA NATURE

Frank Lloyd Wright est né en 1867 dans le Wisconsin, au centre des États-Unis. Enfant, il passe ses vacances à la ferme de son oncle et découvre la grande plaine américaine. C'est un amoureux de la nature.

Architecte, il imagine des maisons adaptées aux climats et aux paysages américains.

Ainsi, la Maison Robie (1909), très allongée,
a de grands toits qui apportent ombre et fraîcheur.

La maison Gale (1909), elle, est ceinte de grands balcons
permettant d'admirer la vue de tous côtés.

Monsieur et madame Kaufmann étaient propriétaires d'un grand magasin à Pittsburgh, aux États-Unis. Leur fils travaille un moment à l'atelier Wright. Les Kaufmann rencontrent l'architecte et lui commandent alors une maison de week-end : ce sera la fameuse maison sur la cascade.

Monsieur et madame Kaufmann souhaitaient une maison pour un lieu extraordinaire niché dans la forêt, devant une belle cascade. Mais Wright préféra installer la maison directement sur celle-ci. On vivrait ainsi au milieu du spectacle de l'eau.

Sur le terrain rocheux, Wright monte de grands murs de pierre et accroche de grands balcons de béton armé, suspendus au-dessus de l'eau.

L'intérieur est comme une grotte aménagée. Le feu crépite dans le salon où un rocher pointe au travers du sol, lui-même recouvert de pierres. C'est une maison de repos loin de la ville. On y est bien.

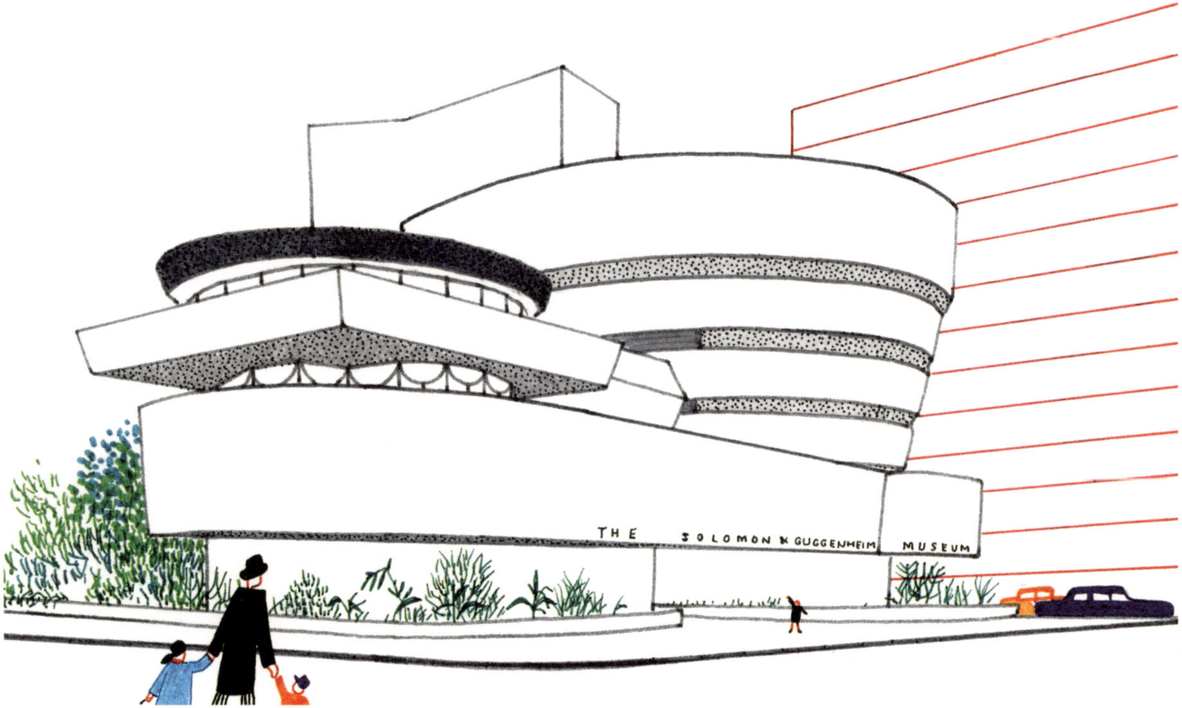

Par la suite, F. L. Wright construira beaucoup d'autres maisons, mais aussi le musée Guggenheim de New York (1959).

1949 LA MAISON DES EAMES

CHARLES & RAY EAMES

MULTICOLORE ET PLEINE D'INVENTIONS

Ce couple de designers américains veut apporter le confort partout sur la planète. Pendant la Seconde Guerre mondiale, ils ont bricolé des machines industrielles et réussi à fabriquer des attelles et des civières en contreplaqué pour les blessés.

Après la guerre, reprenant ce qu'ils ont appris
de leurs expériences de fabrication industrielle,
les Eames explorent de nouveaux matériaux
et inventent beaucoup de meubles, comme
cette étrange chaise en fibre de verre, la Chaise, 1948

... ou encore ce fauteuil si confortable,
le Lounge Chair, 1956.

Ils inventent aussi des jouets pour leurs petits-enfants.

L'Éléphant, 1945

La Maison de cartes, 1952

En 1945, ils se lancent dans un projet de maisons construites avec des matériaux standard. Leur maison en est le modèle. Elle se situe à Pacific Palisades, près de Los Angeles, en Californie.

Ils commencent par monter une sorte d'entrepôt de 18 mètres de long sur 6 de large, bâti comme un Meccano d'acier. De loin, on dirait «le squelette d'un mammouth géant».

Mais rien de sévère : ils ajoutent partout des panneaux de différentes couleurs et des fenêtres qui s'ouvrent dans tous les sens. Le résultat est une maison joyeuse.

À l'extérieur, la maison se mêle au paysage.

Et l'intérieur est un univers merveilleux, peuplé de plantes et d'objets dénichés dans le monde entier !

1951 LA MAISON FARNSWORTH

MIES VAN DER ROHE

UNE MAISON MINIMALE

Originaire d'Allemagne, Mies van der Rohe (1886-1969) est d'abord maçon. Il connaît bien les matériaux de construction.
Puis, devenu architecte, il dirige la grande école de design du Bauhaus, en Allemagne.

Exilé aux États-Unis juste avant la guerre, il conçoit de belles maisons et des buildings.
Les matériaux qu'il préfère sont le métal et le verre, qui permettent toutes les audaces.

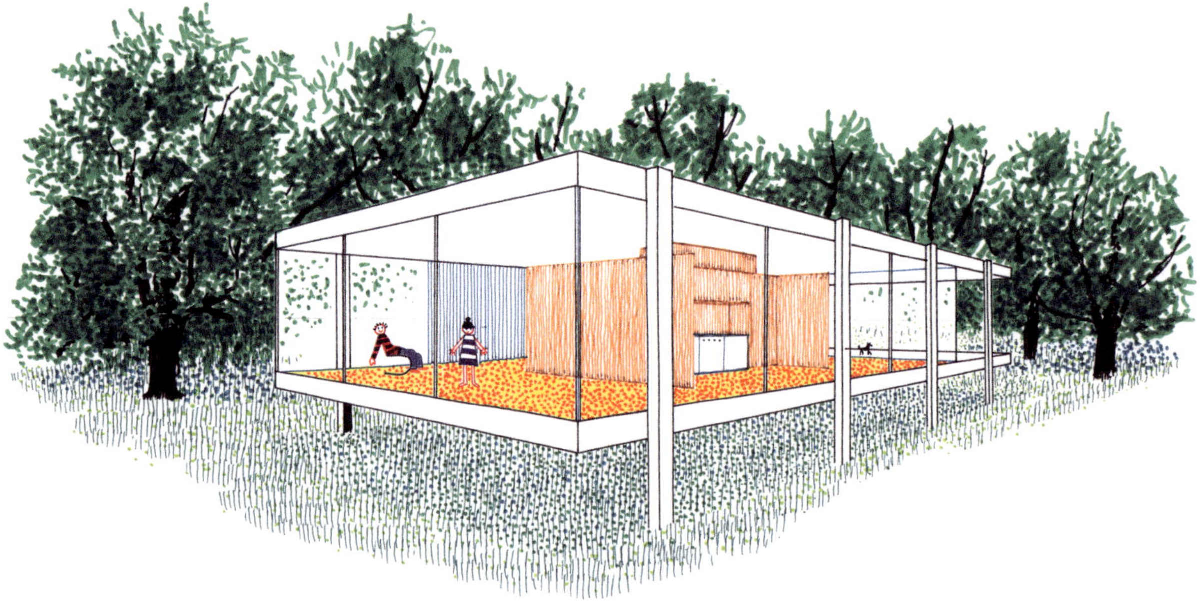

Voici la maison Farnsworth, à Plano dans l'Illinois, près de Chicago.

Comme le terrain est inondable, il faut surélever la maison.
Elle est comme un pont, porté par 8 poteaux d'acier.

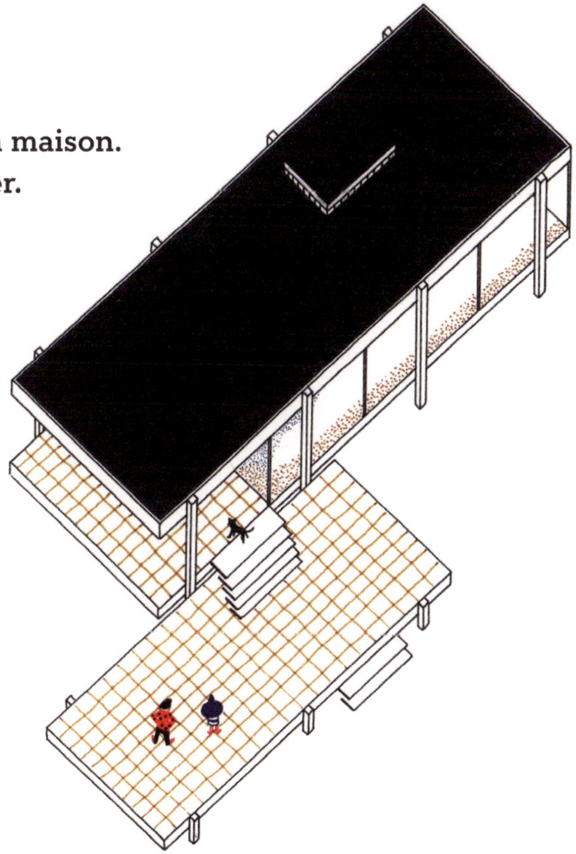

Rectangulaire, elle mesure 33 mètres de long
sur 12 de large, avec une petite terrasse.
Tout est peint en blanc, par souci esthétique.

À l'intérieur, seules quelques cloisons déterminent les espaces : on peut ainsi circuler librement et admirer le paysage. Mais on peut aussi tirer de grands rideaux pour s'isoler.

Mies van der Rohe a érigé de nombreux bâtiments d'acier et de verre. Ses réalisations sont très épurées et d'une grande élégance, comme le Seagram Building de New York (1958).

1956 LA MAISON DES JOURS MEILLEURS

JEAN PROUVÉ

UNE MAISON POUR CHACUN

Enfant d'artistes, né en 1901 à Nancy, en France, Jean Prouvé commence sa carrière comme forgeron. Il découvre les possibilités du métal et en particulier celles de la tôle pliée, légère et solide.

La chaise standard, 1934

La table Compas, 1950

Dans son entreprise, il fabrique du mobilier scolaire en tôle, et même des maisons.

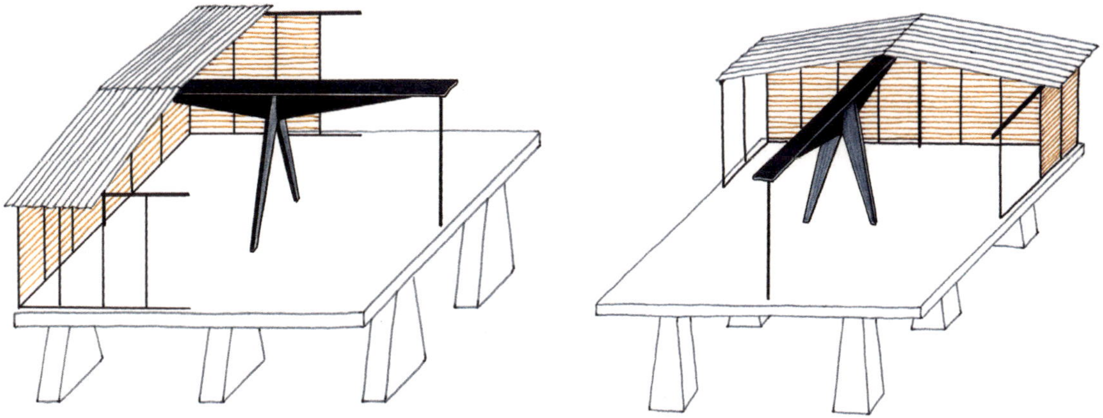

Maisons à portique, 1945
Atelier de Maxéville

Ces dernières sont fabriquées en atelier, puis montées sur le chantier.

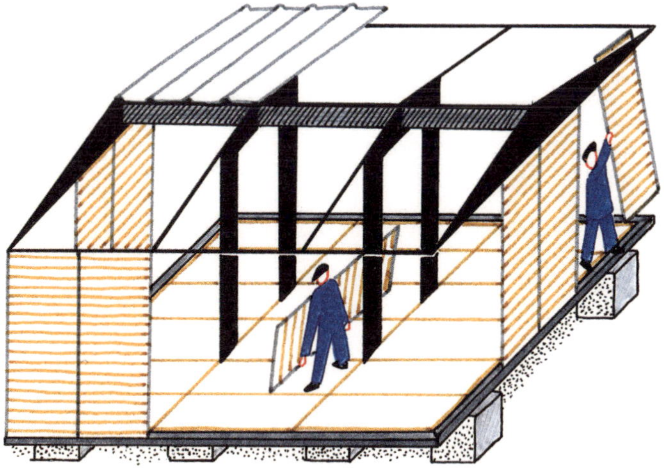

En 1954, l'hiver est terrible. L'abbé Pierre lance alors un appel aux Français : il faut aider les sans-abri à se loger. Puis il s'adresse à Jean Prouvé pour qu'il conçoive une maison préfabriquée abordable pour tous.

Le constructeur dessine une maison avec en son centre un bloc de métal contenant la cuisine et la salle de bains. Ce bloc sert aussi à porter le toit de la maison.

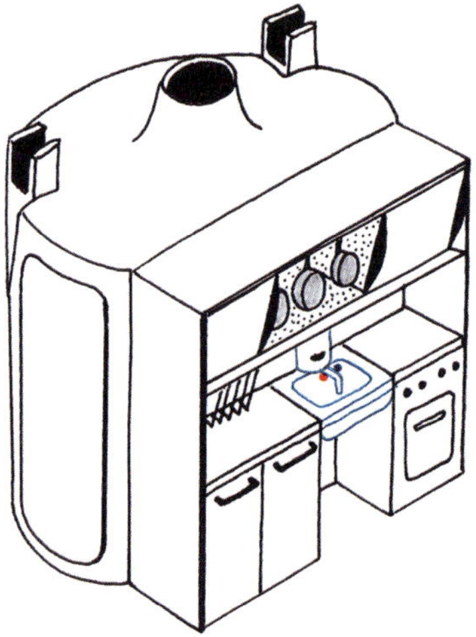

Le montage du prototype a lieu en public à Paris. Deux ouvriers suffisent.
Il y a d'abord un socle de béton de 8,50 mètres sur 6,70. On apporte le bloc, qu'on pose au milieu.

Puis on ajoute une poutre en acier sur le bloc, ensuite les cloisons, et enfin le toit.

La maison est terminée en deux jours. Elle peut loger une famille avec deux enfants. Malheureusement, le projet ne sera jamais reproduit en nombre.

1978 LA MAISON DE SANTA MONICA

FRANK GEHRY

UNE GRANDE MAISON À PARTIR D'UNE TOUTE PETITE

Frank Gehry est né en 1929. Cet architecte canadien a beaucoup voyagé en Europe. Il y a rencontré de nombreux artistes. Comme eux, il aime s'exprimer très librement.

En 1977, Frank Gehry achète une maison de bois dans la banlieue de Los Angeles.
Elle mesure 12 mètres sur 10, mais elle est vite trop petite pour sa famille. Il décide de la conserver, mais en l'entourant d'un nouveau mur. Il gagne ainsi de la place pour installer la cuisine et la salle à manger.
Il utilise des matériaux basiques, comme la tôle ondulée, le contreplaqué et le grillage.

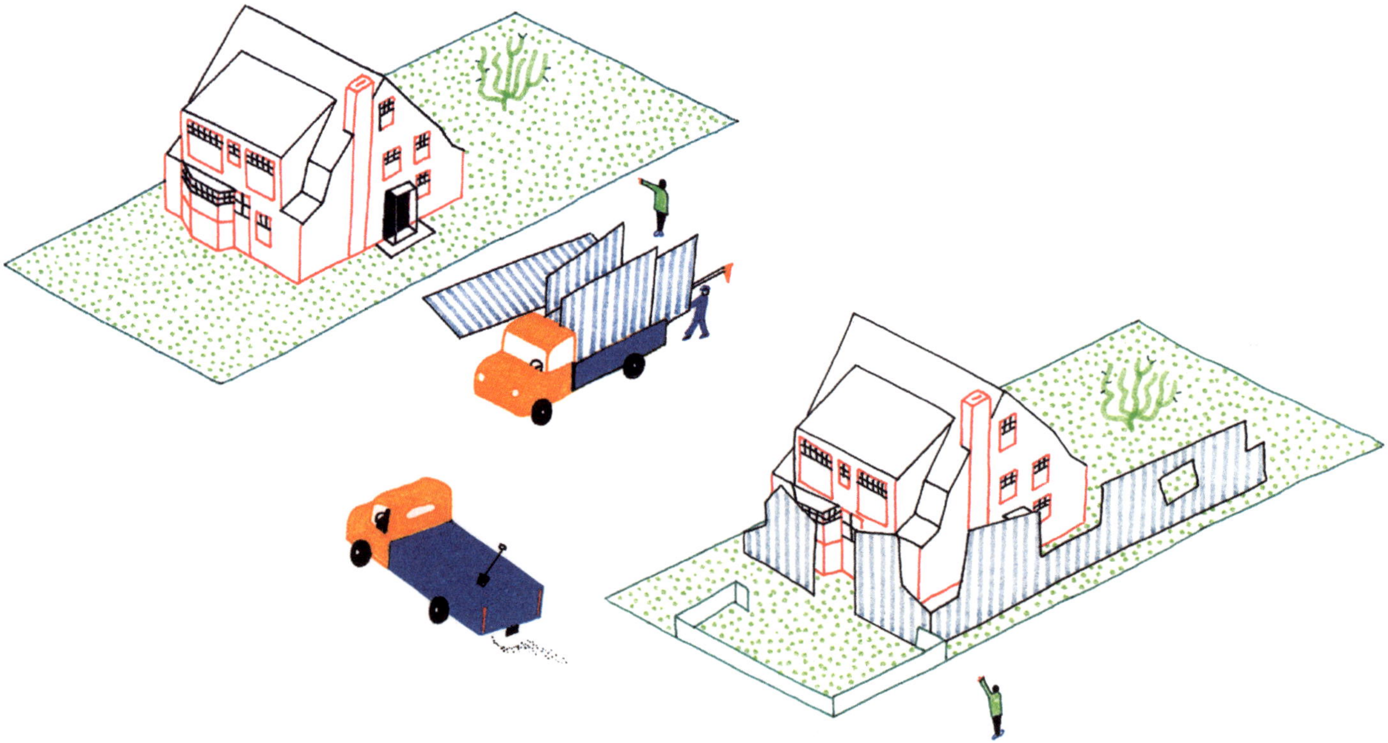

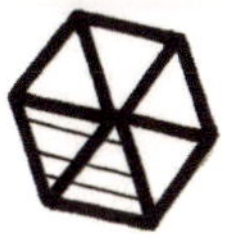

Puis il imagine que de gros cubes de verre tombent sur la maison et restent en équilibre instable.

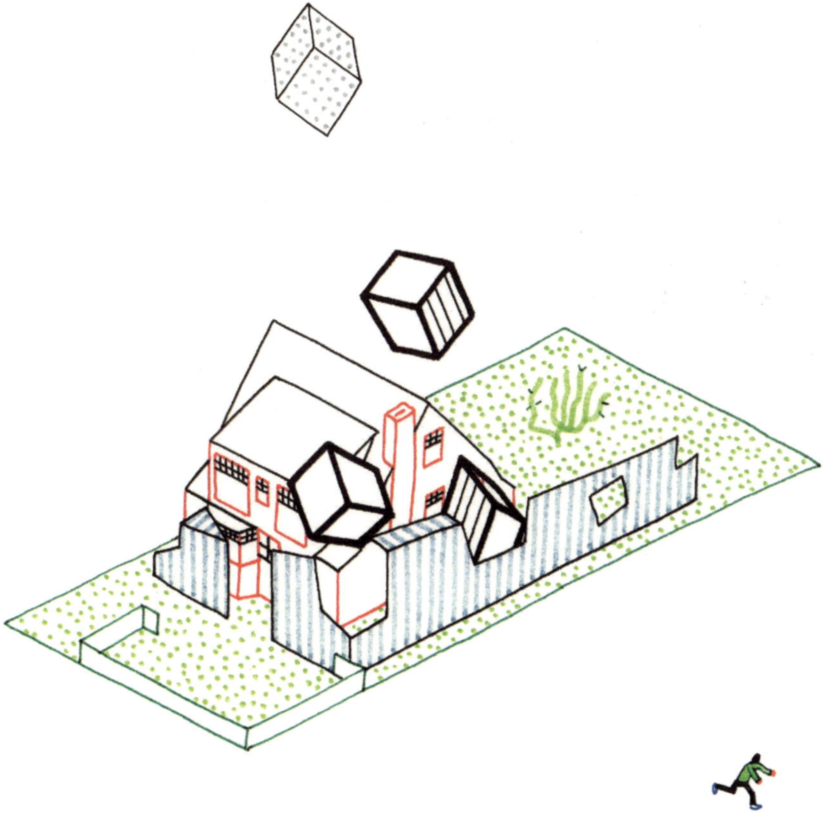

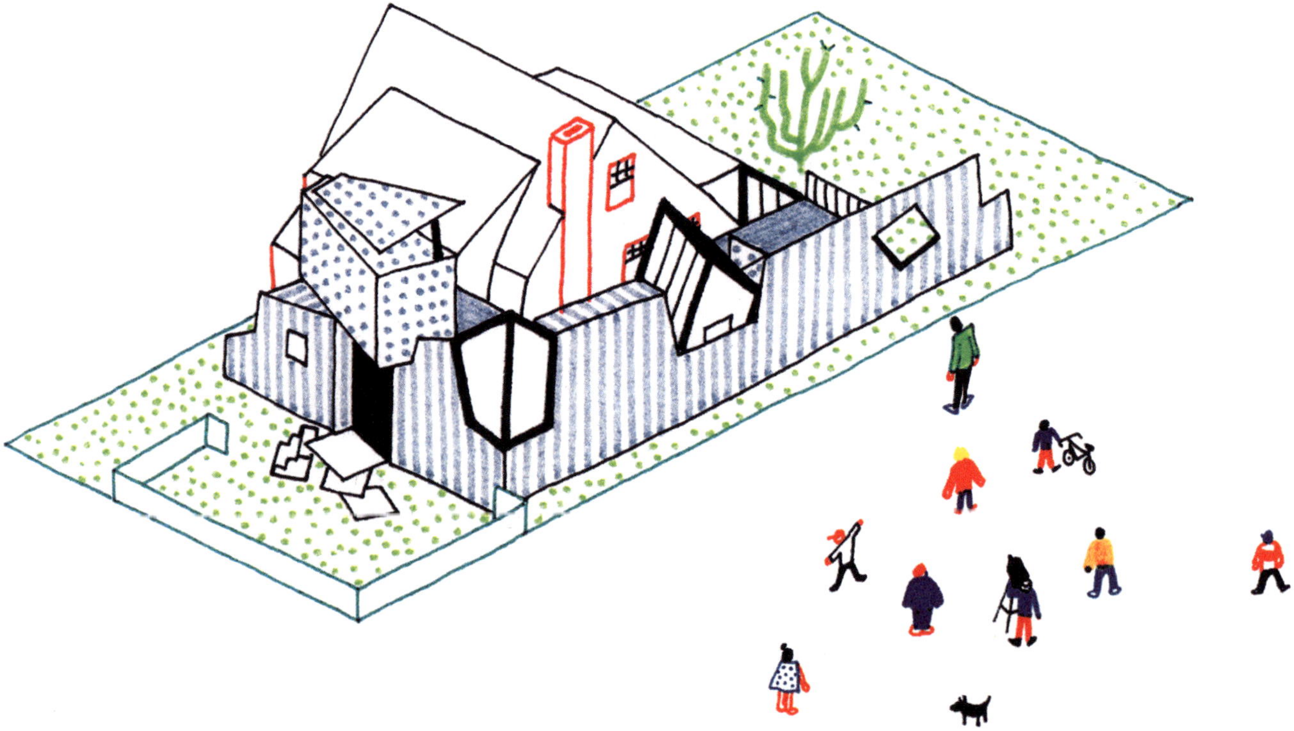

Deux cubes de verre laissent entrer la lumière au rez-de-chaussée, tandis qu'un troisième sert de chambre à l'étage. La maison double de volume. Elle paraît « déconstruite » et attire de nombreux curieux.

Vitra Design Museum, Weil am Rhein,
Allemagne, 1989

The Dancing House, Prague, 1996

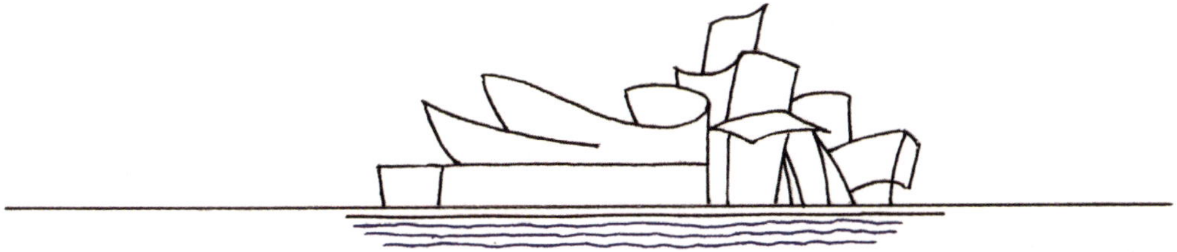

Plus tard, Frank Gehry construit le musée Guggenheim de Bilbao, en Espagne (1997), et bien d'autres musées aux formes surprenantes.

1995 LA MAISON EN CARTON

SHIGERU BAN

UN MATÉRIAU ORDINAIRE DEVIENT EXTRAORDINAIRE

Les maisons japonaises sont traditionnellement faites de bois avec des vitres en papier. On peut facilement les reconstruire en cas de tremblements de terre, si fréquents au Japon. Lors du séisme de Kobe, en 1995, l'architecte Shigeru Ban a mis au point une maison en carton, un matériau léger et disponible partout, pour reloger les victimes de la catastrophe.

Constituée principalement de rouleaux de carton et d'autres matériaux de récupération, cette maison est construite par des volontaires.

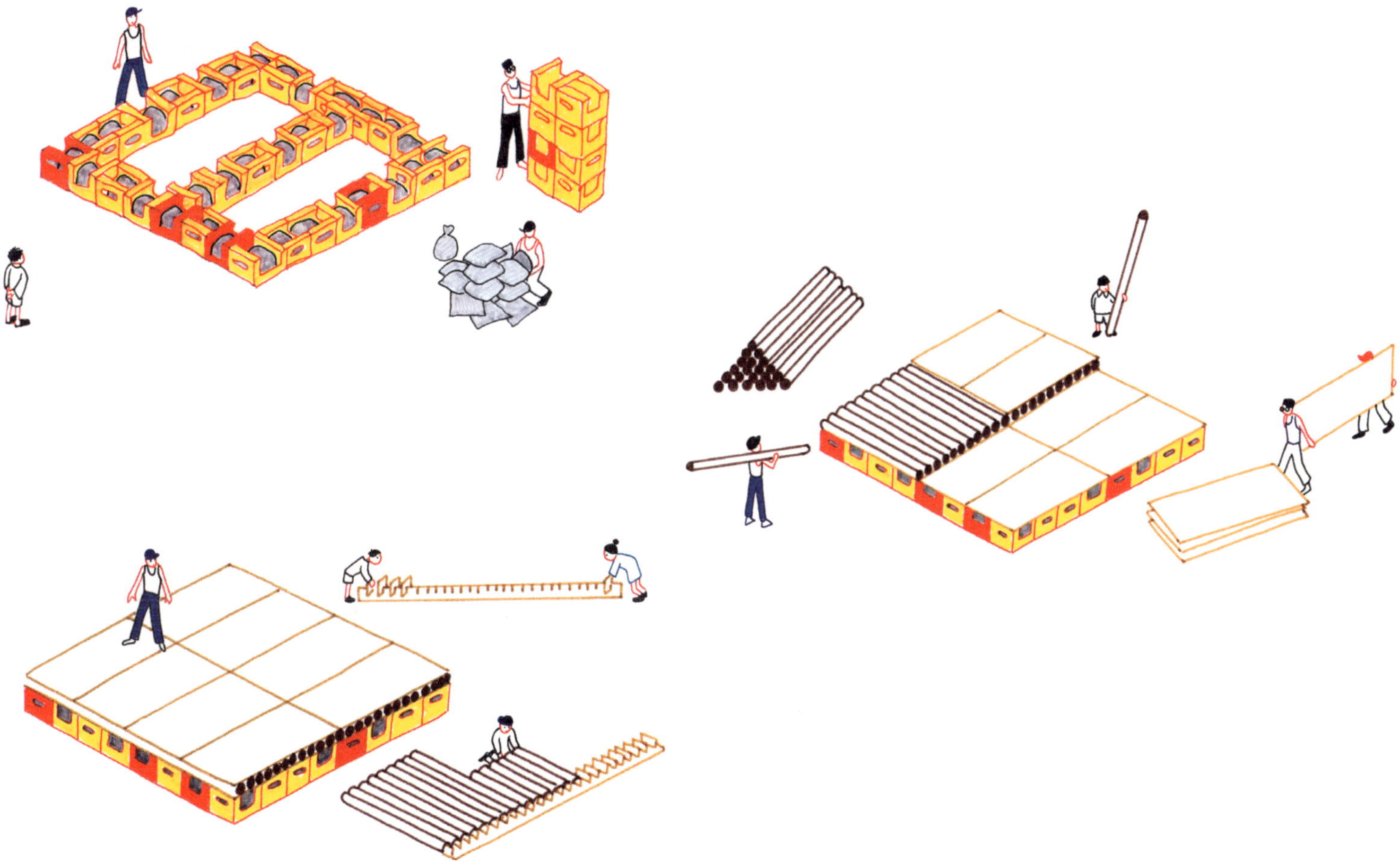

Pour les fondations, on dispose des caisses de bière en plastique remplies de sacs de sable.

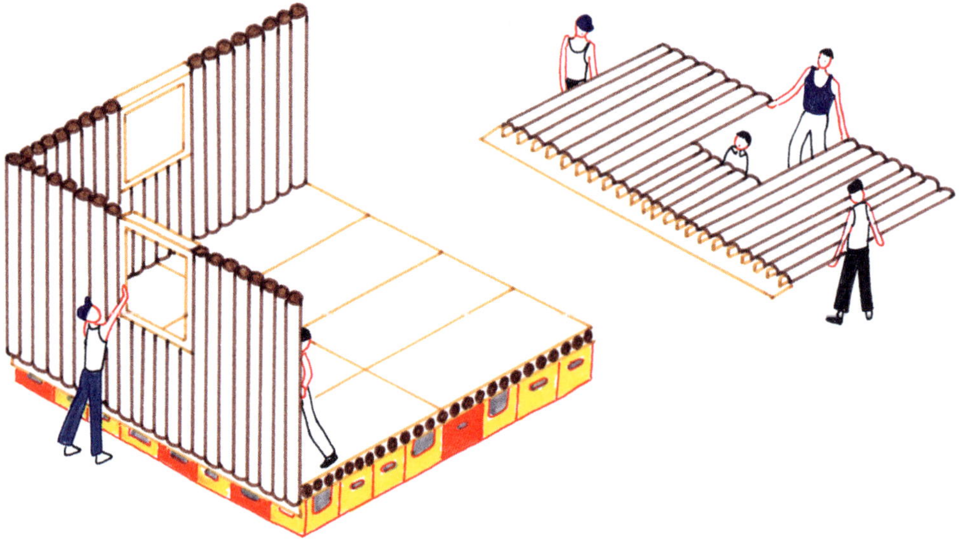

Ensuite, on assemble des tubes en carton pour en faire des murs.

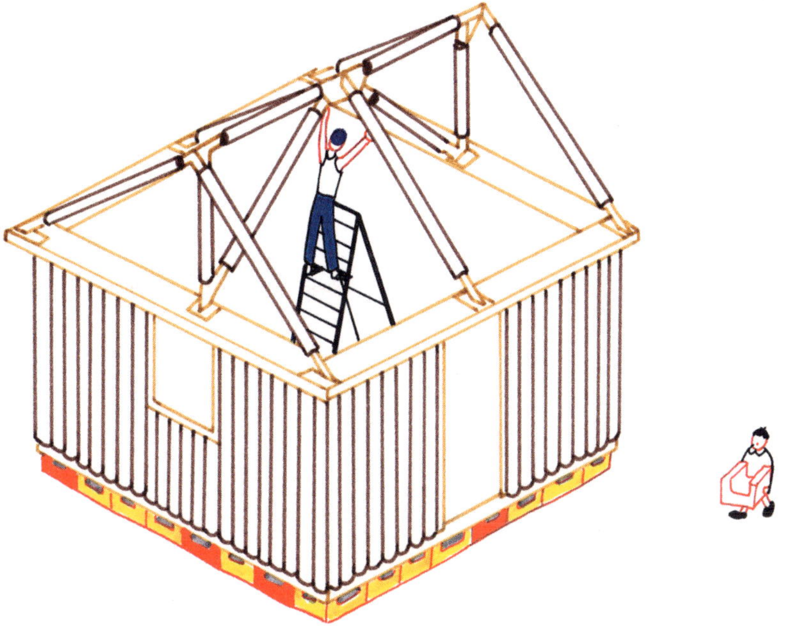

Puis on ajoute une charpente de carton et on recouvre le toit d'une toile plastifiée.

La maison est terminée ! Elle est carrée ou rectangulaire.

Shigeru Ban a imaginé de nombreuses autres maisons en carton, mais aussi des maisons en bois.
Avec lui, les matériaux ordinaires deviennent extraordinaires.

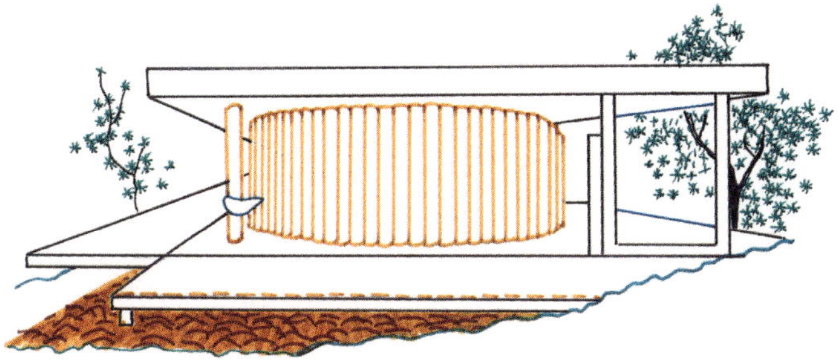

Paper Log House, 1995, Japon

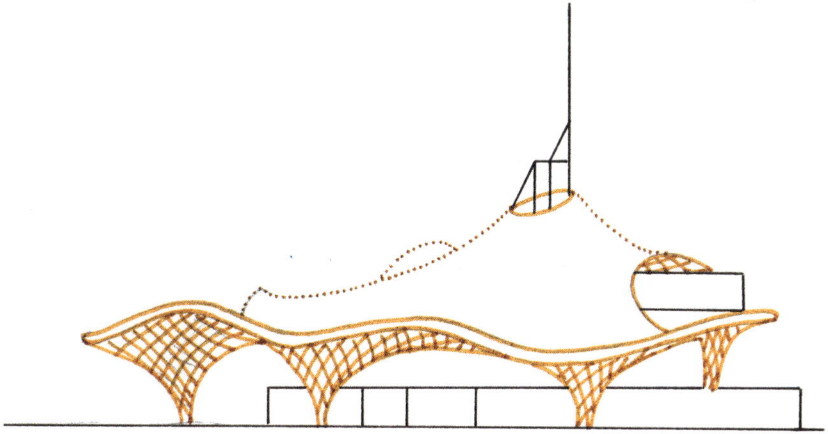

Il a réalisé le Centre Pompidou de Metz (France, 2010), avec l'architecte Jean de Gastines.

1998 LA MAISON DE BORDEAUX

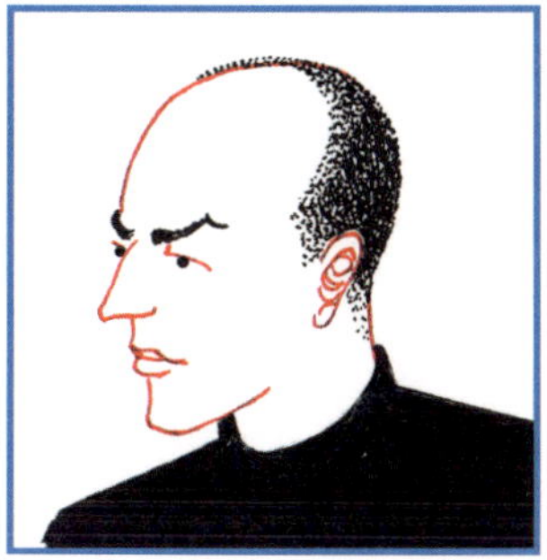

REM KOOLHAAS

UN ASCENSEUR COMME PIÈCE PRINCIPALE

Rem Koolhaas est un urbaniste et architecte néerlandais. En tant qu'urbaniste, il a étudié de grandes cités, comme Hanoi, Séoul et Shangai en Asie, Lagos en Afrique et Houston en Amérique. En France, il a tracé le plan d'Euralille, le futur quartier d'affaires de Lille.

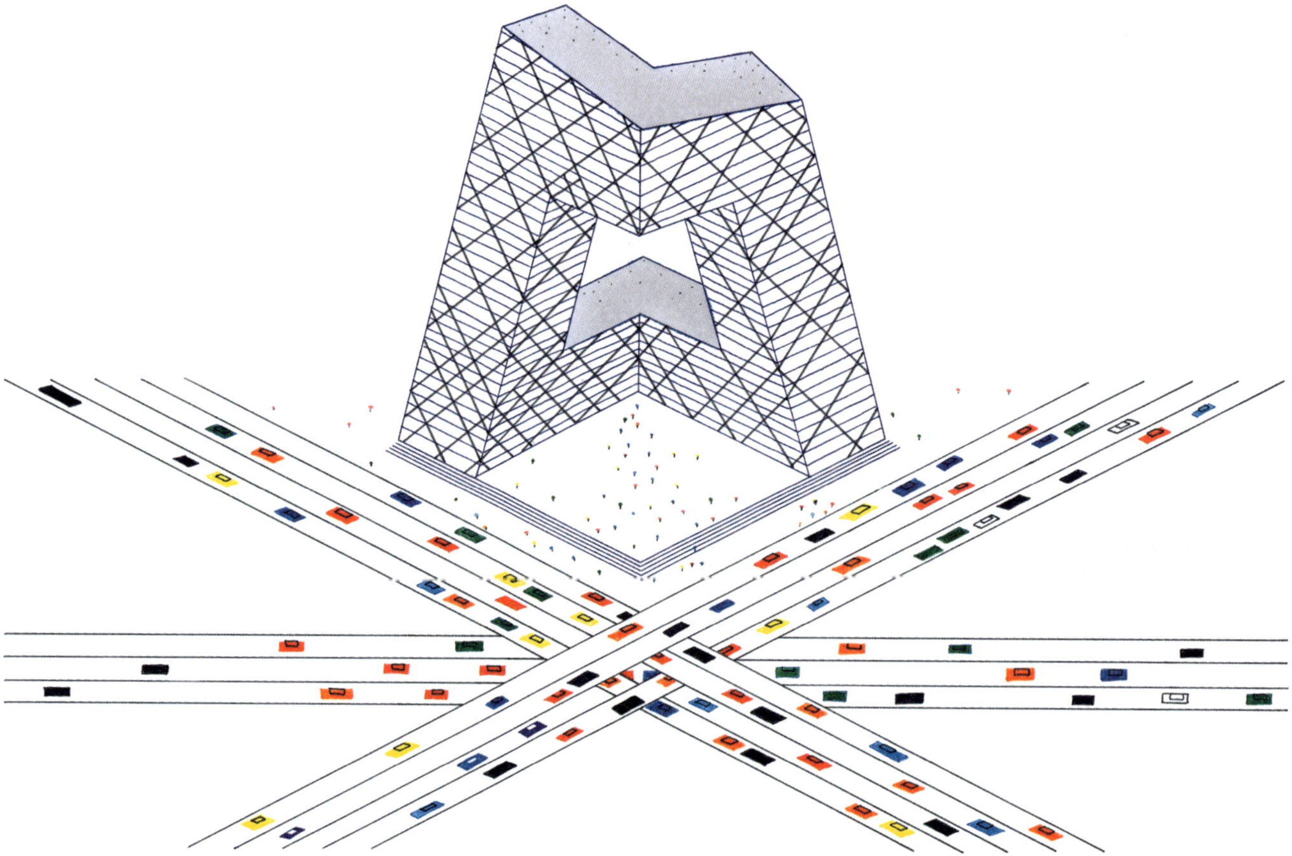

Mais c'est aussi un architecte, qui invente d'immenses bâtiments très surprenants, comme celui du siège de la télévision nationale chinoise (CCTV) à Beijing, en Chine (2009).

La grande maison moderne qu'il construit tout près de Bordeaux se trouve dans un parc. Le propriétaire qui a commandé cette maison à Rem Koolhaas est resté paralysé à la suite d'un accident de la route. Le plan de la maison tient compte de ce handicap.

L'ascenseur est la pièce principale de
la maison. Il est très grand et mesure
plus de 3 mètres de côté.
Ce n'est plus seulement un ascenseur,
mais un bureau qui traverse tous les étages.

Les niveaux sont tous différents.

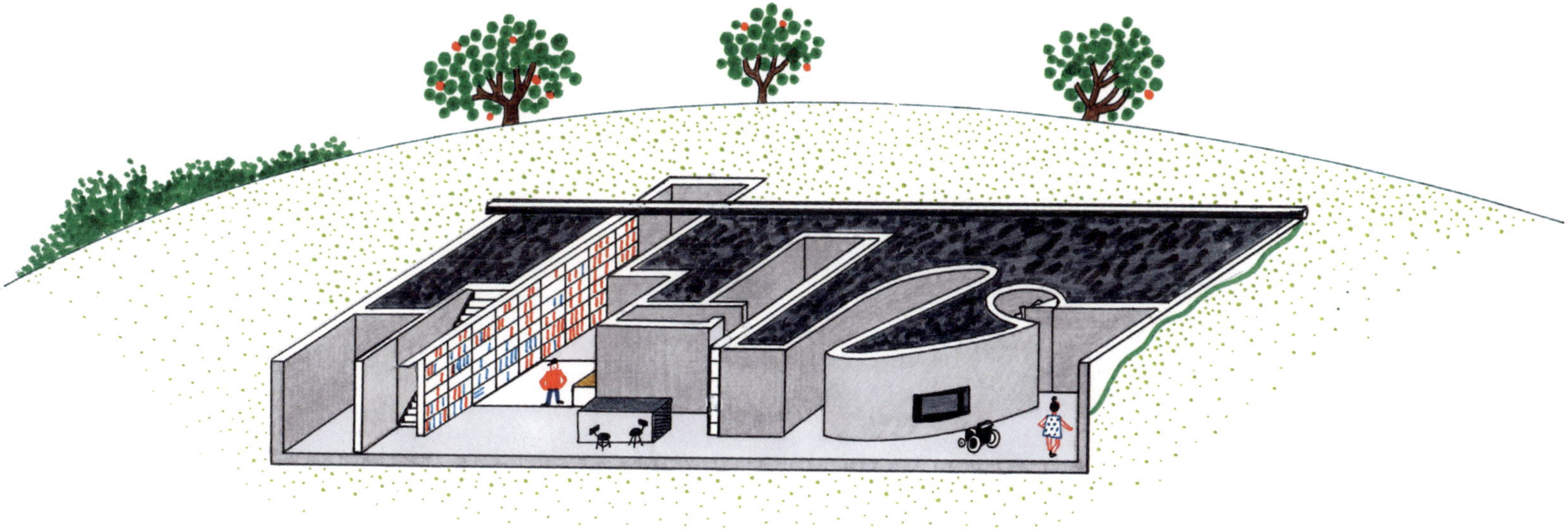

Le sous-sol ressemble à une grotte, avec une salle de télévision très sombre et une cave à vins.

Le rez-de-chaussée est en verre transparent.

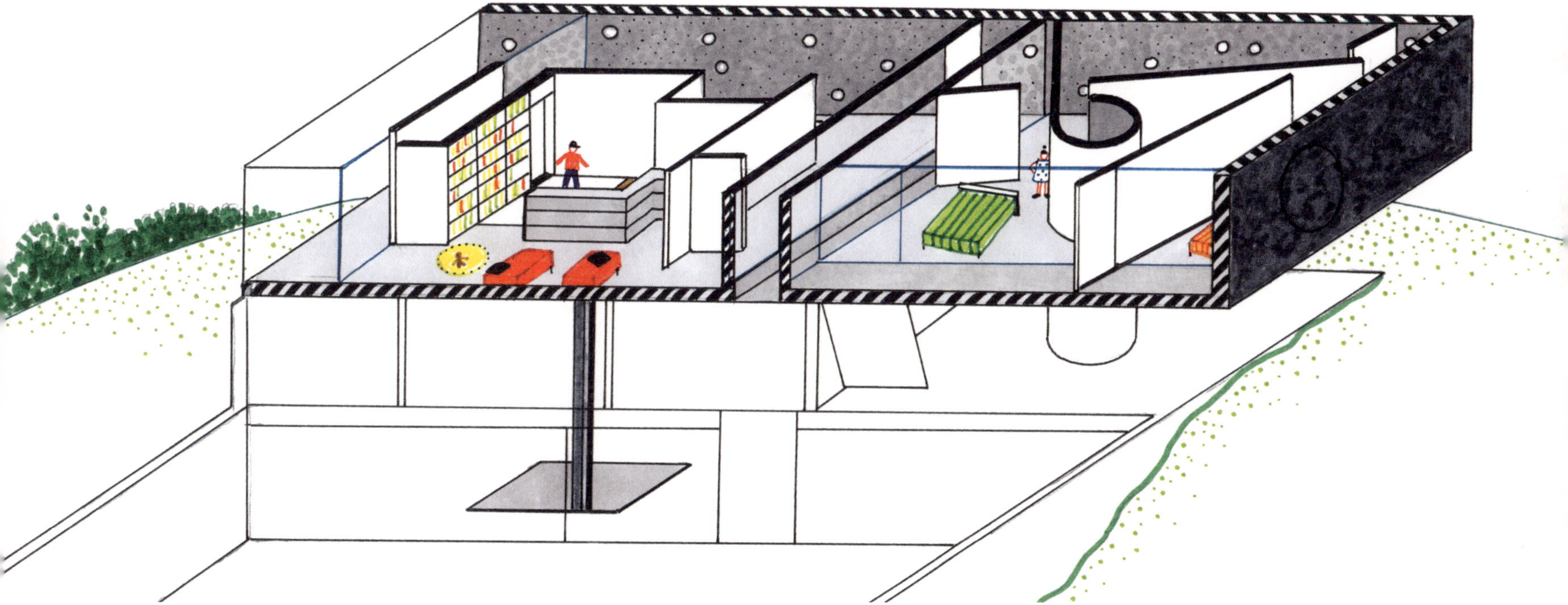

Enfin, à l'étage, les murs des chambres sont seulement percés de hublots et forment une grande boîte de béton ouverte sur le ciel à quelques endroits.

2002 LA MAISON ÉCOLOGIQUE

SARAH WIGGLESWORTH & JEREMY TILL

UNE MAISON EN PAILLE

Ces architectes ont construit eux-mêmes pendant quatre ans leur maison-atelier au nord de Londres. Tout est pensé pour vivre en harmonie avec l'environnement. On y trouve un potager, et même un poulailler.

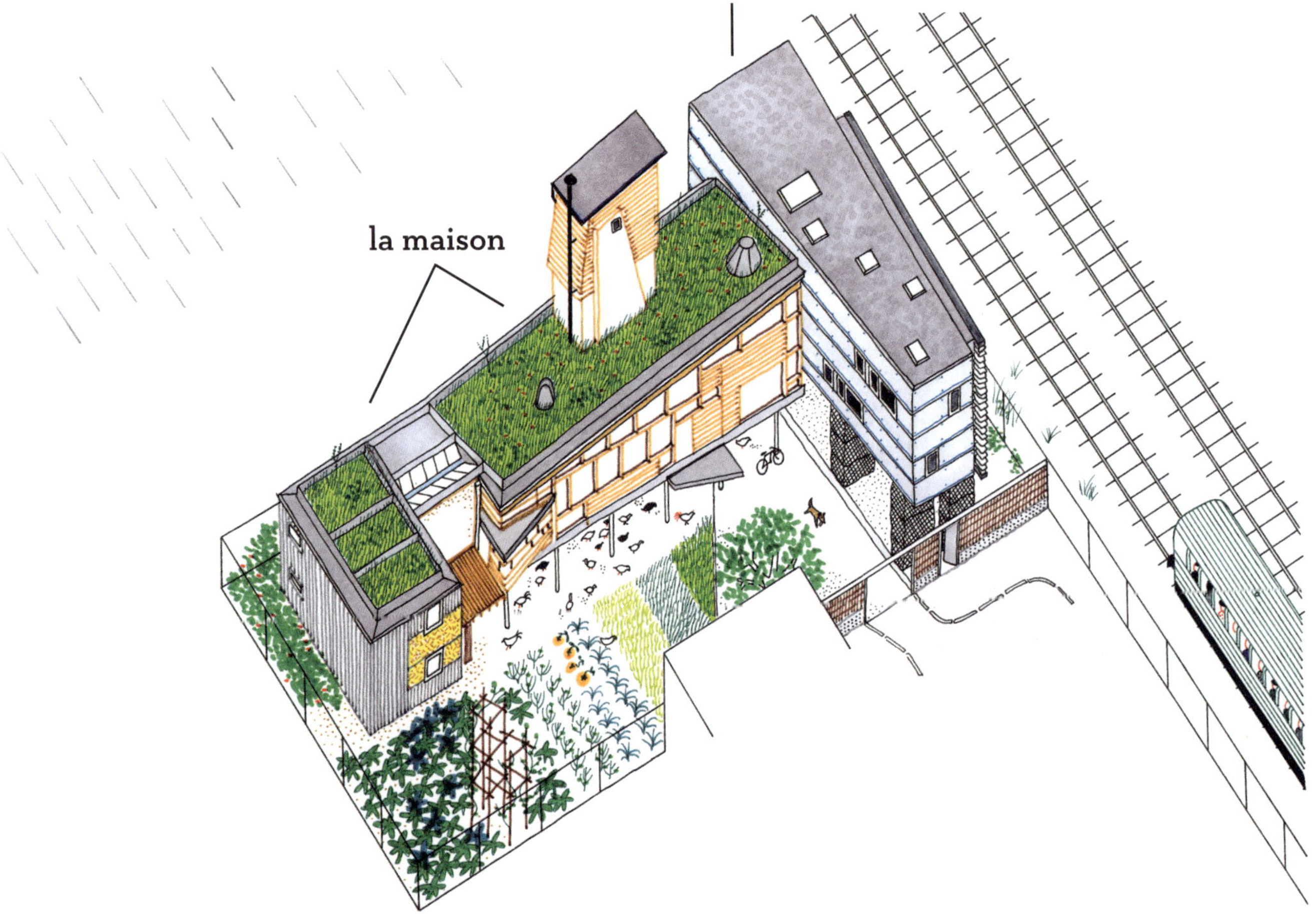

De loin, la grande maison ressemble à une ferme. Le bâtiment où est installé l'atelier forme un barrage contre le bruit de la voie ferrée.

Ce bâtiment est posé sur des pilotis faits de débris de béton. L'ensemble est habillé d'un tissu isolant et ressemble à un édredon. De plus, des sacs de sable empilés les uns sur les autres garantissent le silence.

Lorsqu'on s'approche, on remarque que les murs de la maison sont en paille, protégés par de la tôle.

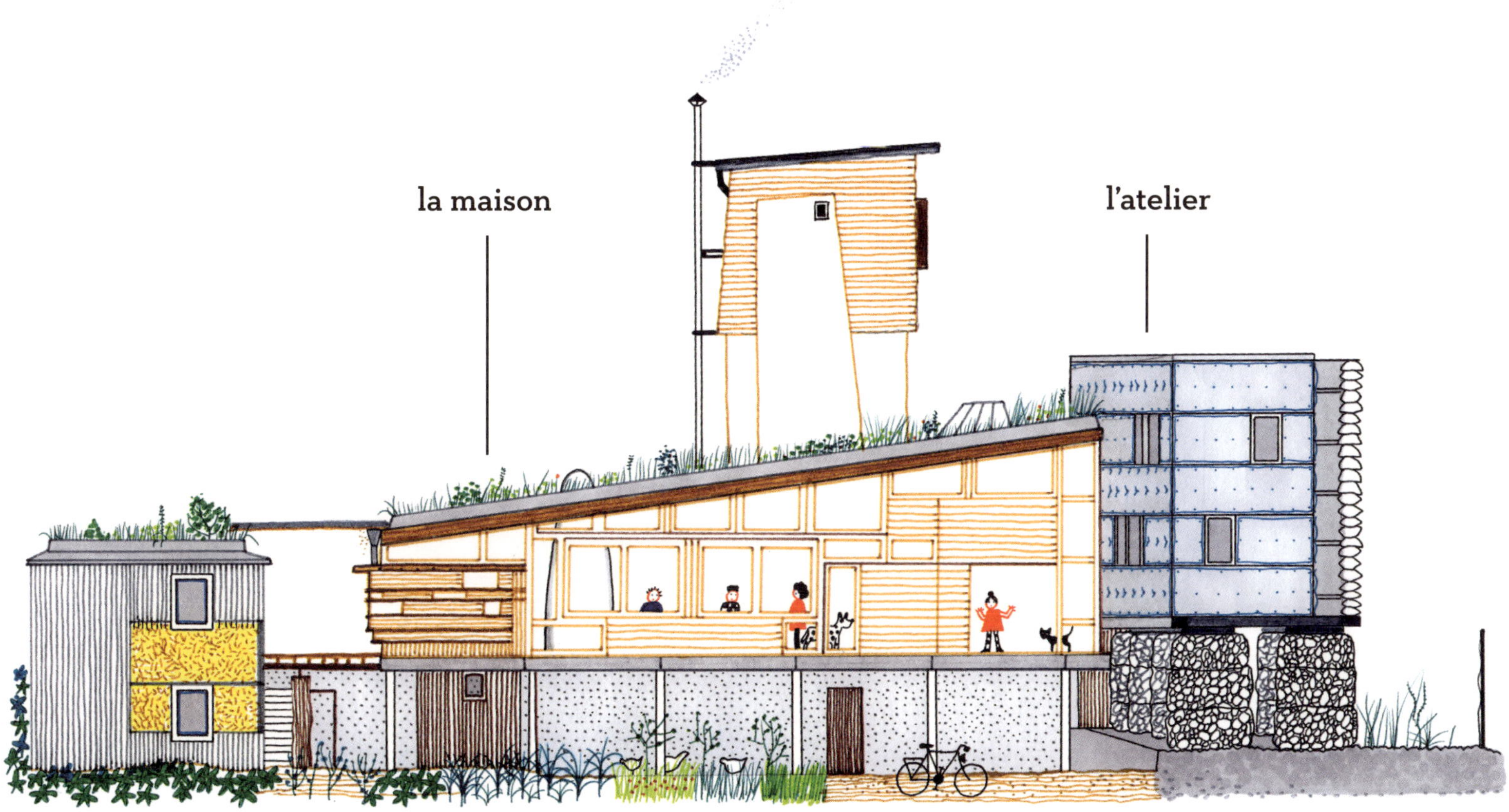

La partie centrale de la maison est en bois. De grandes fenêtres laissent entrer la lumière.
On y trouve aussi un garde-manger, qui remplace le réfrigérateur.

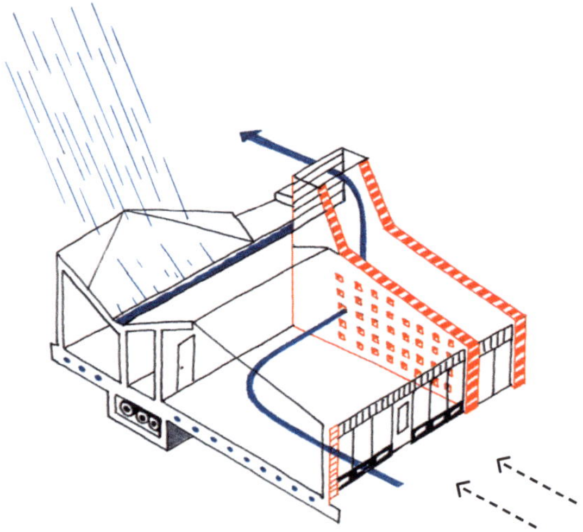

2010 L'école primaire Sandal Magna, Wakefield, Angleterre

Au-delà de cette expérience à Londres, ces architectes ont conçu des maisons totalement durables qui préservent la nature.

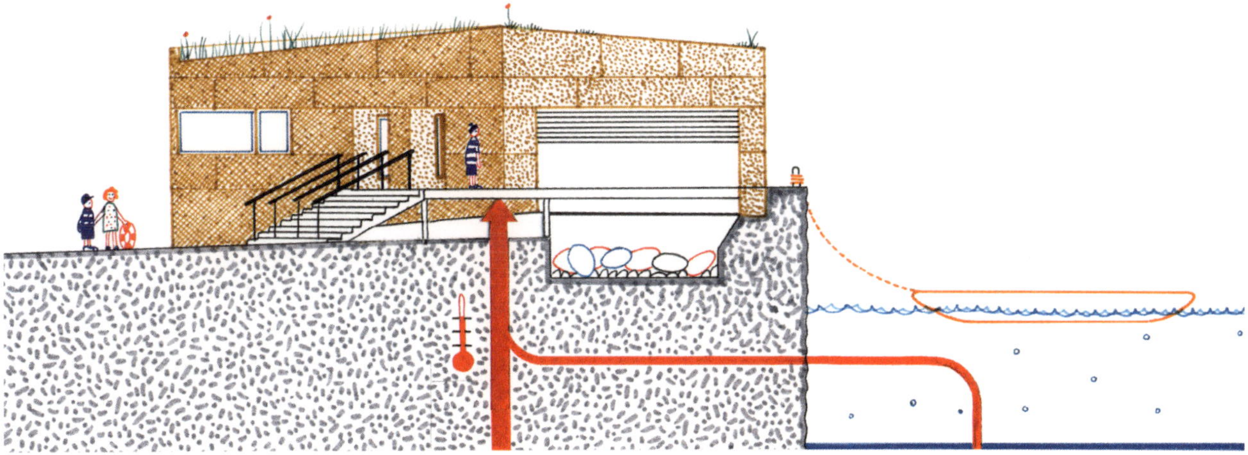

2008 Centre Cremone Canoe, Londres